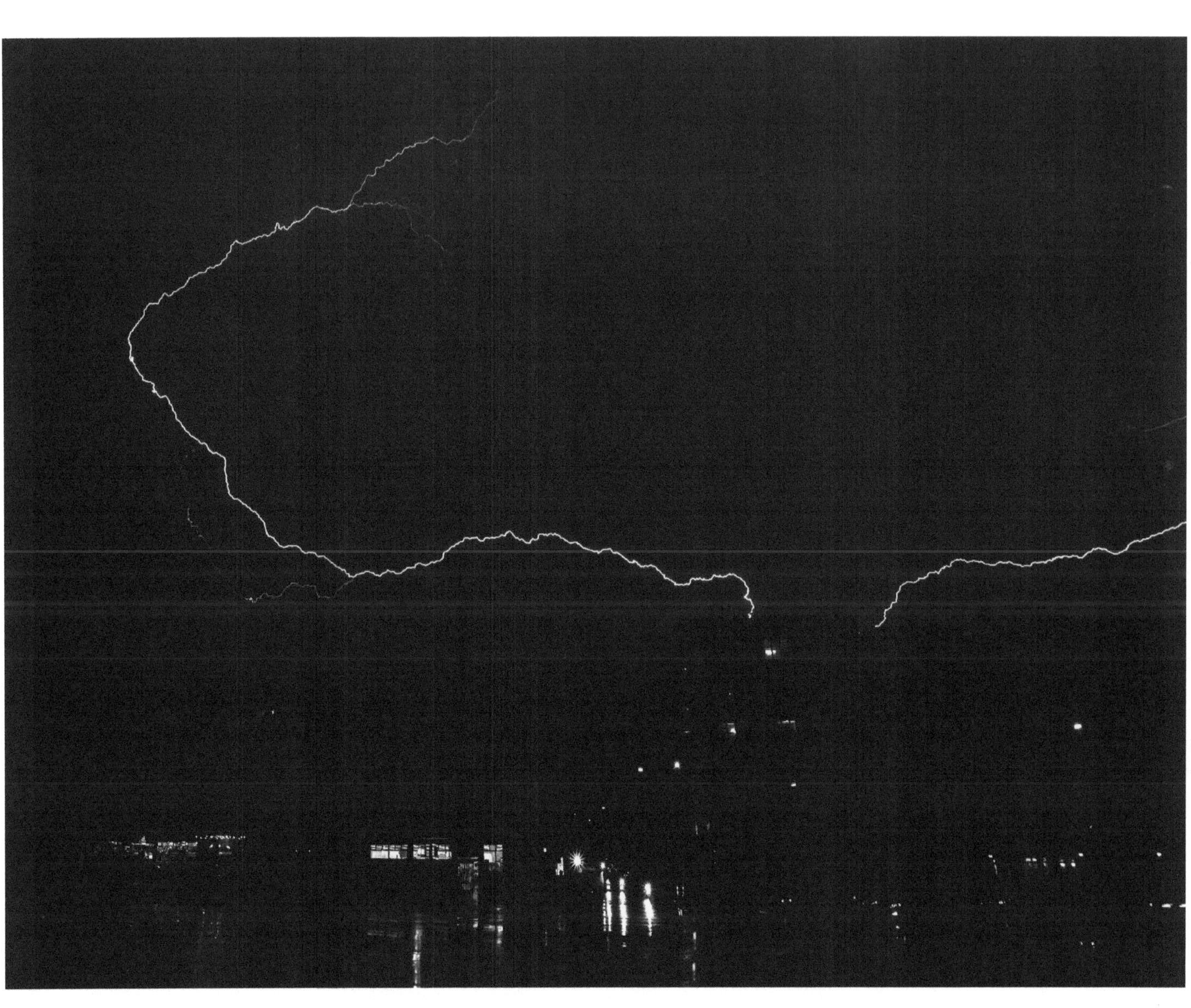

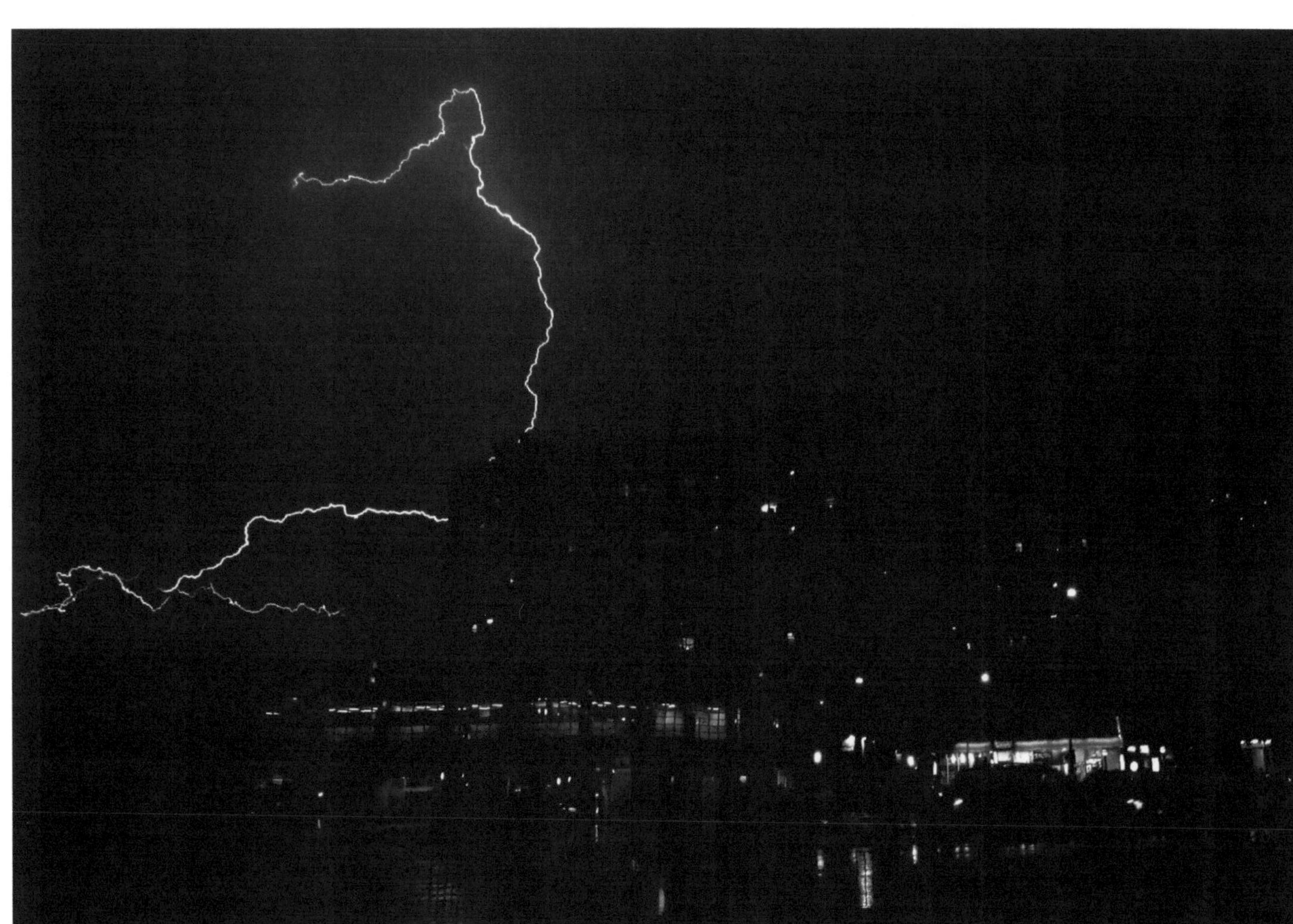

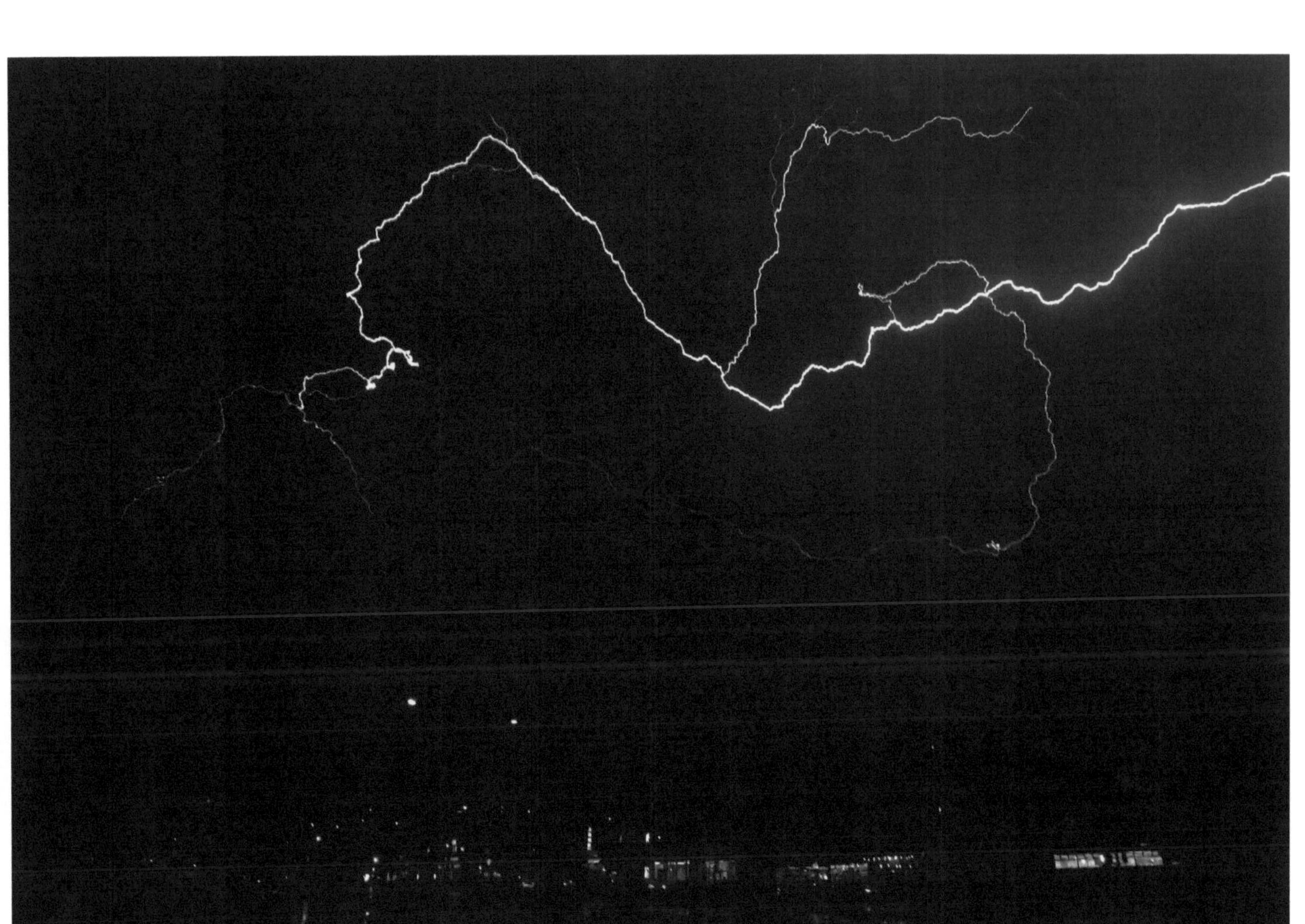

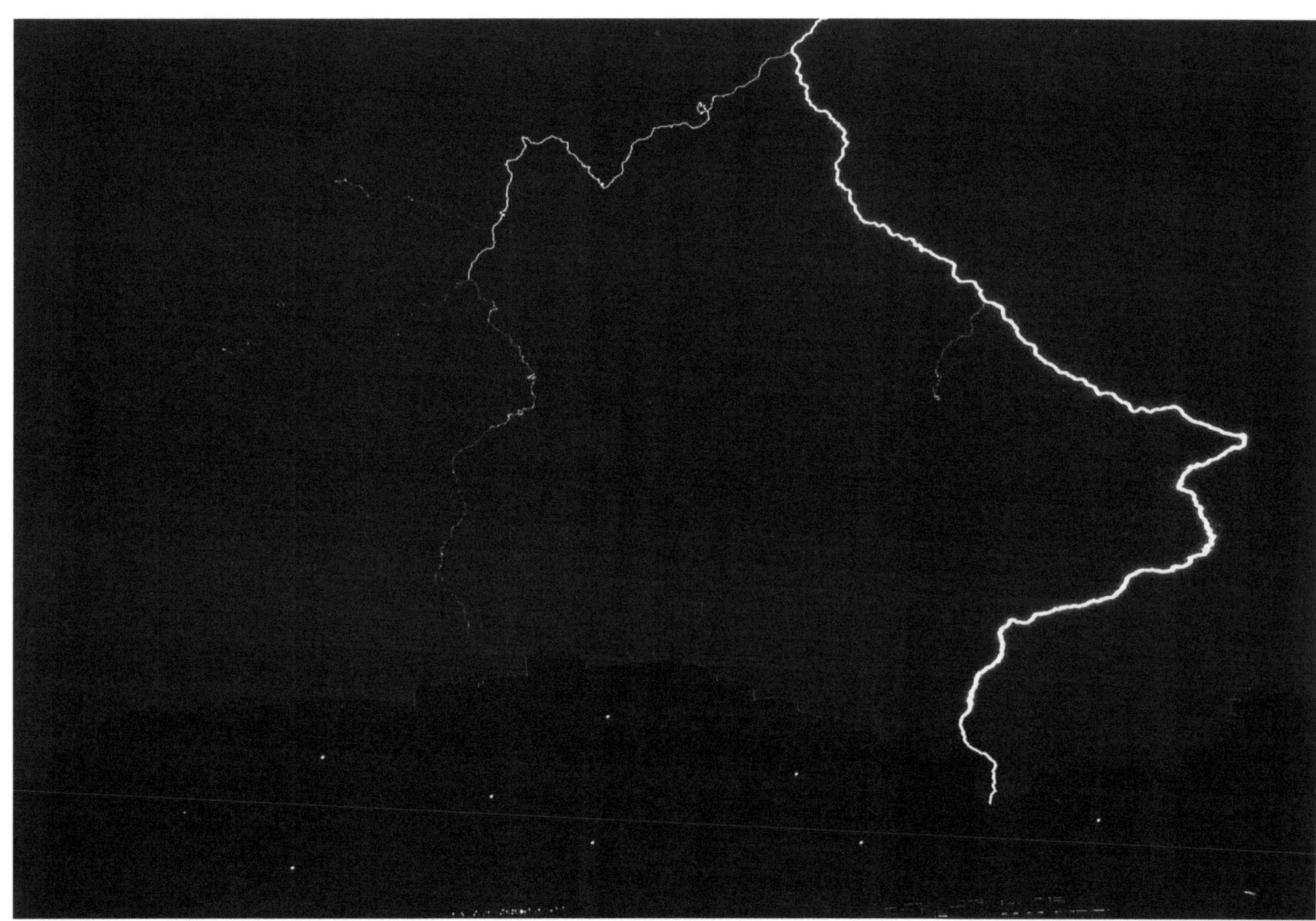

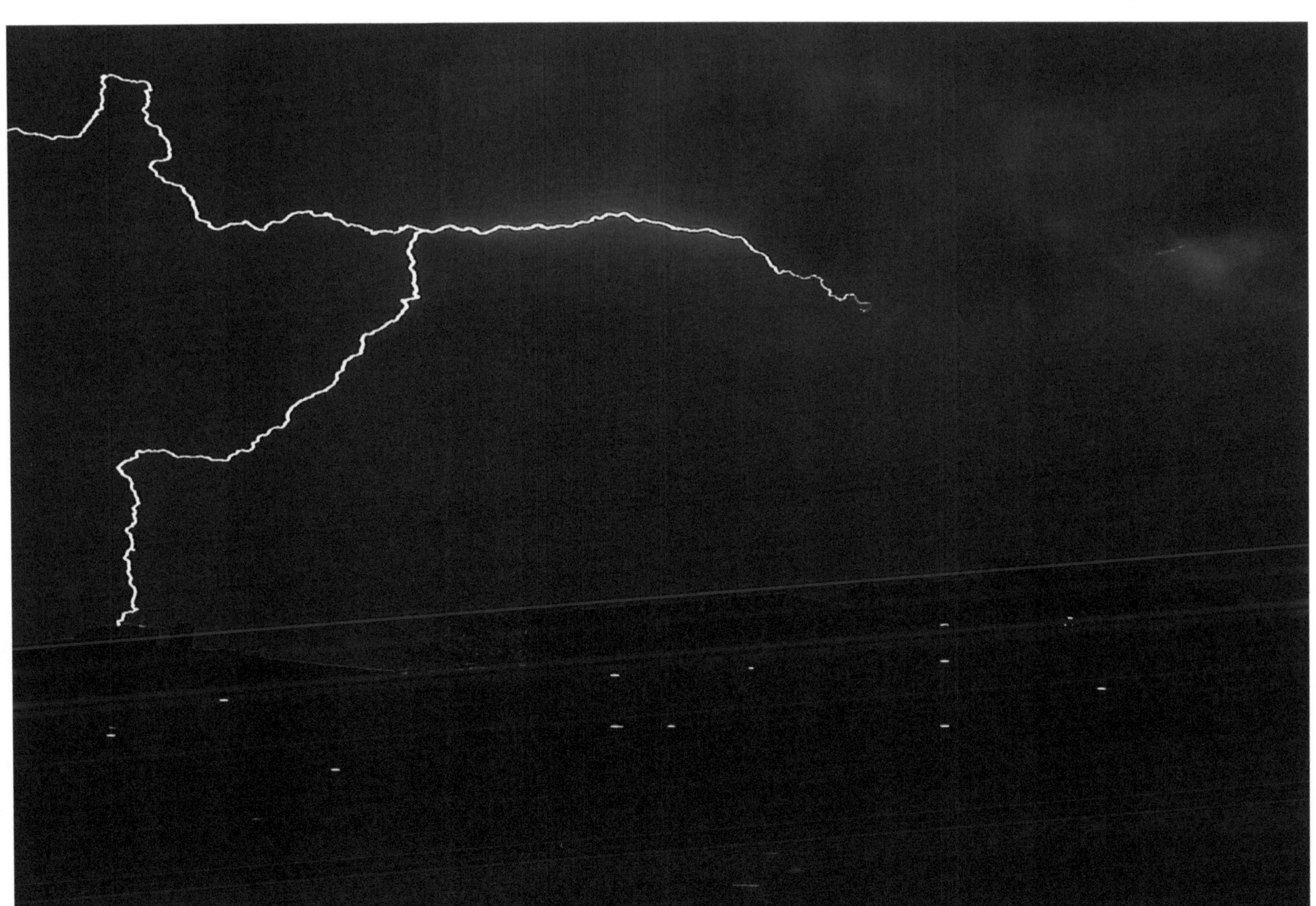

9 781711 860169